I0122264

RÉPUBLIQUE FRANÇAISE
Liberté, Égalité, Fraternité

CANTONS DE NIMES

ÉTABLISSEMENTS
D'INSTRUCTION PRIMAIRE

DÉLÉGATION CANTONALE

Attributions des Délégués

NIMES
Imprimerie Boyer-Ramus fils
39. — Rue Nationale — 39

1901

RÉPUBLIQUE FRANÇAISE

Liberté, Egalité, Fraternité

CANTONS DE NIMES

ETABLISSEMENTS

D'INSTRUCTION PRIMAIRE

DÉLÉGATION CANTONALE

Attributions des Délégués

NIMES

Imprimerie Boyer-Ramus fils

30 — Rue Nationale — 30

1901

BIBLIOTHÈQUE NATIONALE
R.F.
IMPRIMÉS

8° R
17323

AVIS

Pour les établissements communaux, les noms des directeurs et directrices sont imprimés en caractères italiques ; ceux des adjoints, adjointes et sous directrices, en caractères ordinaires.

Pour les établissements libres, on ne donne que les noms des directeurs et directrices.

Il convient d'ajouter, si l'on veut avoir au complet le personnel enseignant des écoles primaires communales de Nîmes :

Mlle Reboul, institutrice suppléante des écoles maternelles et de la petite classe des écoles de filles.

Mlle Brun, professeur de dessin à l'école primaire supérieure de filles.

M. Delaruelle, professeur de chant à l'école primaire supérieure de filles.

Mlle Quint, professeur d'anglais à l'école primaire supérieure de filles.

Mlle Bouscharain, professeur de couture à l'école primaire supérieure de filles.

Mlle Guin, professeur de gymnastique à l'école primaire supérieure de filles.

M. Jeunot, professeur de comptabilité à l'école primaire supérieure de filles.

M. Dalzell, professeur d'anglais aux cours complémentaires.

MM. Daraux et Flachat, professeurs de dessin aux cours complémentaires et à l'école d'application.

MM. Daraux, Guin et Terrasson, professeurs de travaux manuels aux cours complémentaires ; de sciences physiques et naturelles et de travaux manuels à l'école d'application.

M. Guin, professeur de gymnastique aux cours complémentaires.

M. le Dr Delon, médecin inspecteur.

Abréviations

O = orphelinat ;
P. = pensionnat.
Le chiffre placé en regard de chaque école indique son numéro d'ordre.

TITRE Ier

—

VILLE DE NIMES

—

Chapitre premier

—

ÉTABLISSEMENTS COMMUNAUX

---

§ 1er

ÉCOLES PRIMAIRES DE GARÇONS

Numéros
d'ordre.

1. Rue St-Charles, 10 (cours compl^{te}). MM.		*Michel.*
»	....	André.
»	....	Fuminier.
»	....	Thorigny.
1. *bis* »	(cours élément^{re})..	Biau.
»	....	Sipeyre.
»	....	Brun.
»	....	Panis.
»	....	Portal.
»	....	Rameye.
»	....	Dhombres.
2. Rue Poise, (cours complémentaire)		*Laville.*
2. *bis* »	(cours élémentaire)....	*Laville.*
»	....	Soulier.
»	....	Sicard.
»	....	Mallet.
»	....	Canaguier.
»	....	Bastide.

Numéros
d'ordre

3. Rue Charles-Martel .... MM. *Boudet.*
   » .... Auberlet.
   » .... Capillery.
   » .... Ménard.

4. Rue Pavée................... *Brunel.*
   » .... Escand.
   » .... Agier.
   » .... Lafont.
   » .... Servière.

5. Place de l'Oratoire............. *Chazel.*
   » .... Bénézet.
   » .... Persin.
   » .... Jourdan.
   » .... Thérond.
   » .... Roger.

6. Rue d'Avignon (Ecole d'application) *Cerret.*
   » .... Gros
   » .... Cabanes
   » .... Laporte.
   » .... Gravier.
   » .... Roux.
   » .... Mazauric.

7. Rue de la Servie .... *Soustelle.*
   » .... Raous.
   » .... Stoupan.

8. Mont–Duplan................... *Figuière.*
   » .... Bonijoiy.
   » .... Baumel.

9. Croix de fer................... *Carayon.*
   » .... Arnal.
   » .... Saltron.

10. Mas de Mathieu................. *Fabrègue.*
11. Courbessac................... *Labourayre.*
12. Saint-Césaire................. *Richard.*

§ 2

ECOLE PRIMAIRE SUPÉRIEURE DE FILLES

13.	Rue Jean-Reboul......	Mmes	*Soulier-Huc.*
	»		Terasson.
	»	Mlle	Saint-Jean.
	»	Mmes	Pincemaille.
	»		Raous.
	»	Mlle	Rhimboult.
	»	Mme	Arnal.

§ 3

ECOLES PRIMAIRES DE FILLES

14.	Rue des Bénédictins...	Mmes	*Rouquette.*
	» ...		Villon.
	» ...		Vidal.
	» ...		Daraux.
	» ...	Mlle	Cambon.
	» ...	Mme	Hermet.
	» ...	Mlle	Dubois.
	» ...	Mme	Agier.
15.	Rue Charles-Martel...	Mmes	*Barbier.*
	» ...		Cadel.
	» ...		Pivarot.
	» ...	Mlle	Maurin.
	» ...	Mme	Dhombres.
16.	Place Belle-Croix.....	Mmes	*Serres.*
	»		Capilléry.
	»	Mlle	Devèze.
	»	Mmes	Margraf.
	»		Sailron.
	»		Lafont.

Numéros
d'ordre.

17. Rue de France........ Mmes *Sarrazin.*
» .... Ménard.
» .... Rousset.
» .... Mlles Reynaud.
» .... Arnal.
18. Place de l'Oratoire..... Mlles *Relin.*
» ..... Granier.
» ..... Mmes Bénézet.
» ..... Martin.
» ..... Sipeyre.
» ..... Siol.
19. Rue Monjardin....... Mme *Theulle.*
» .... Mlle Jalley.
» .... Mmes Mallet.
» .... Roger.
20. Rue Enclos-Rey..... Mmes *Parent.*
» ..... Ponge.
» ..... Couret.
» ..... Mlle Charaix.
21. Rue Saint-Laurent.... Mmes *Jullian.*
» .... Lacoste.
» .... Chabert.
» .... Dussaud.
22. Croix de Fer........ Mmes *Puginier.*
» .... Comte.
» .... Carayon.
23. Mas Mathieu........ Mme *Fabrègue.*
24. Saint-Césaire........ Mme *Richard.*
25. Courbessac.......... Mme *Meysselle.*

§ 4

ÉCOLES MATERNELLES

23. Place de l'Oratoire.... Mme *Bourelly.*

26.	Place de l'Oratoire......	Mlle	Granier.
	»	Mme	Peyron.
27.	Rue Becdelièvre.......	Mmes	*Gilly.*
	»		Delauzun.
28.	Rue Notre-Dame.......	Mlle	*Bondurand.*
	»	Mme	Galon.
	»	Mlle	Vermond.
29.	Rue Nerva...........	Mlles	Kittler.
	»		Portal.
	»	Mme	Donnarel.
30.	Rue de Générac.......	Mlle	*Bourgade.*
	»	Mme	Caillol.
31.	Rue Rangueil.........	Mmes	Gasquet.
	»		Brun.
	»		Sabaton.
32.	Mont-Duplan	M$^{ll\,s}$	*Chapellier.*
	»		Bas.
	»	Mme	Martin née Bas.
33.	Boulevard de la République.	Mmes	*Lafont.*
	» .		Fabre-Bernard.
34.	Place du Chapitre........	Mlle	*Rodet.*
	»	Mme	Boisson.
35.	Saint-Césaire...........	Mme	Robert.

---

§ 5

ECOLE MIXTE

36.	Mas de Ponge...........	Mme	Huguès.

VILLE DE NIMES

—

Chapitre II

—

ÉTABLISSEMENTS LIBRES

---

§ 1er

ÉCOLES PRIMAIRES DE GARÇONS

Numéros
d'ordre

37. Rue Enclos-Rey, 40....... MM. Brun Alfred.
   Frère des Ecoles chrétiennes.
38. Rue Bossuet............. Bertrand.
   Frère des Ecoles chrétiennes.
39. Rue Nationale, 42......... L'Homme.
   Frère des Ecoles chrétiennes.
40. Rue Trélys, 3............ Blanc Damase.
   Frère des Ecoles chrétiennes.
41. Rue Roussy, 02.......... Noguier.
   Frère des Ecoles chrétiennes.
42. Rue Flamande, 12....... Roussel Jules-Mt.
   Frère des Ecoles chrétiennes.
43. Rue Saint-Paul, 1........ Chamboredon L.
   Frère des Ecoles chrétiennes.
44. Rue des Marchands, 7... Ythier.
45. Rue Enclos-Rey, 59...... Belvézet.
46. Rue Rulman, 8.......... Mlle Prade.
47. Avenue de la Plate-Forme. M. Fonzes.
48. Rue Pasteur............. X.
49. Rue des Chassaintes, 16... M. Gilly Elie.

§ 2

ECOLES PRIMAIRES DE FILLES

Numéros
d'ordre

50. Rue Clérisseau, 23....... Mlle de Sabatier Plantier
51. Rue de Sauve, 1. P...... Mme v^e Adolff.
52. Rue Trajan, 16. P....... Mlles Kellermann.
53. Rue Plotine, 1. P........ Montmart Juliette.
54. Rue Jean-Reboul, 20..... Mlles Cambécèdes.
55. R. Rabaut-St-Etienne, 2. O Brunel.
56. Rue de la Pitié, 11...... Mme Domergue.
57. Rue des Bons-Enfants, 22 Mlle Durieu.
  Sœur St-François-d'Assise.
58. Rue Pasteur, 28. O..... Mlles Krüger.
59. Rue Ruffi, 22............ Soulages.
60. Rue de l'Abattoir, 13..... Marcel Eugénie.
  Religieuse de Besançon.
61. B^d de la République, 15... Chaussinand Sophie.
  Religieuse Mariste.
62. Rue Rouget de l'Isle, 7. O Roche Victoire.
  Refuge Marie-Thérèse.
63. Rue Florian, 2, O........ Viala.
64. Rue de l'Horloge, 23. P.. Mme Borel.
65. Rue Fresque, 7......... Mlles Lert.
66. Rue des Greffes, 12...... Soulignac.
  Sœur St-Vincent-de-Paul.
67. Rue Richelieu, 31. P..... Malclès-Mélanie.
  Sœur St-Vincent-de-Paul.
68. Rue Guiran............ Jourdan Emilie.
  Religieuse de Besançon.
69. Rue de la Faïence, 5. P.. Rivière Joséphine.
  Religieuse de Besançon.
70. Rue de la Faïence, 1.. O Maurel Nathalie.
  Congrégation de St.Thomas de Villeneuve.
71. Rue de la Faïence, 7...... Nouelle Félicie.
  Religieuse de Besançon.
72. Pl. de la Maison-Carrée, 4 Salmon.
73. R. de la Madeleine, 19. P. Mme Jeanjan.

74. Rue Séguier, 26........ Mlles Nuel.
Oblates de l'Assomption.
75. Rue St-Félix, 6. P...... Rouvière Joséphine.
76. Rue de la Biche, 27.... Reboul Marie.
Prête-nom des Congréganistes.
77. Rue Notre-Dame, 22... Bonnet.
Religieuse de la Ste-Famille.
78. Boul. du Viaduc, 11. P. Dupré.
Sœur de l'Assomption.
79. Chemin d'Uzès (Hôpital
général). O............. Congrég.
80. Ancienne route d'Arles
(Orphelinat Barnouin) O. Valla.
81. Bosq. de l'Esplanade, 27 P. Mme Delabarre.
Dame de St-Maur.
82. Courbessac (Hameau)... Mlles Fouillet.
Religieuse de St-Joseph de Venéaux.
83. Rue Saint-Paul, 0....... Rodolphe.
En religion Sœur Sainte-Paule.
84. Rue Sainte-Perpétue.... Le Bidan Yvonne.
(Ancienne tannerie Souchon) Congrég.
85. Courbessac (hameau).... Béal Pauline.
Religieuse de St-Joseph-de-Venéaux.

---

§ 3

ÉCOLES MATERNELLES

86. Rue Mareschal, 24...... Mme Sarradon-Dorcas.
87. Rue des Greffes, 12... Mlles Jullian Marie.
Sœur St-Vincent-de-Paul.
88. Rue de l'Abattoir, 13.... Vignon.
Religieuse de Besançon.

TITRE II

—

COMMUNE DE MILHAUD

—

Chapitre premier

—

ÉTABLISSEMENTS COMMUNAUX

————————

Numéros
d'ordre

100. École primaire de garçons...... M . *Brunel.*
101.   id.   de filles.......... Mmes *Brunel.*
102. École maternelle.............. *Chabbal.*

—————————————

Chapitre II

—

ÉTABLISSEMENTS LIBRES

————————

103. École primaire de garçons....... M. *Hugues.*
                                       Frère Mariste.
101.   id.   de filles.......... Mlle *Ollier.*
                         Sœur de St-Joseph-des-Vans (Ardèche).
105. École maternelle.

—————————————

TITRE III

—

COMMUNE DE BOUILLARGUES

—

Chapitre premier

—

ÉTABLISSEMENTS COMMUNAUX

---

§ 1er

100. Ecole primaire de garçons.... M. *Rey*.
107.   id.   de filles....... Mme *Teissier*.

§ 2

CAISSARGUES

103. Ecole mixte................... M. *Castanier*.

§ 3

RODILHAN

100. Ecole mixte.................... Mlle *Cavalier*.

Chapitre II

—

ÉTABLISSEMENTS LIBRES

—

§ 1er

110. Ecole primaire de garçons..... M. *Feuillet.*
    Frère Mariste.
111. id. de filles........ Mlle *Boisson.*
    Sœur de St-Joseph-des-Vans (Ardèche).
112. Ecole maternelle.

§ 2

CAISSARGUES

113. Ecole primaire de filles....... Mlle *Gleizal.*
    Sœur de St-Joseph d'Aubenas (Ardèche).
114. Ecole maternelle.

§ 3

RODILHAN

115. Ecole primaire de filles........ Mlle *Imberlesche.*
    Sœur de la Sainte-Famille (Montpellier).

TITRE IV

—

COMMUNE DE GARONS

—

Chapitre premier

—

ÉTABLISSEMENTS COMMUNAUX

———

Numéros
d'ordre.

116. Ecole primaire de garçons.... M. *Rouveyrol.*
117.　　　id.　　de filles....... Mme *Igounenc.*

Chapitre II

—

ÉTABLISSEMENTS LIBRES

———

118. Ecole primaire de garçons.... M. *Gérin.*
　　　　　　　　　　　　　　　Frère Mariste.
119.　　　id.　　de filles....... Mlle *Brahic.*
　　　　　　　　Sœur de St-Joseph des Vans (Ardèche).

DÉLÉGATION CANTONALE

*nommée par le Conseil départemental de l'enseigne-
ment primaire le 24 novembre 1900.*

MM.

Angelras Adrien, conseiller municipal, rue Nerva, 2.

Arnaud Jean, négociant, rue Jean-Reboul, 1.

Benoit-Germain (✱, I. ✪). boulevard de la République, 2.

Blanc Pierre, propriétaire, à Garons.

Boissier-Mestre, conseiller municipal, boulevard de la
République, 50.

Bosc Jules (A. ✪), industriel, conseiller municipal, rue
du Planas.

Bourguet Louis, chef du Bureau de l'Instruction publique, à la Mairie.

Chapellier (I. ✪), Inspecteur primaire honoraire, avenue
du Mont-Duplan.

Charles-Mathieu, (A. ✪), négociant, ancien adjoint au
Maire de Nimes, place des Arènes, 3.

Clavel Marcellin, ancien Président du Tribunal de
commerce, rue Pradier, 38.

Dr Crouzet, Maire de Nimes.

Dr Delon (A. ✪), médecin inspecteur des écoles, rue
Séguier, 7.

Fajon Vincent, conseiller municipal, rue Côtelier, 7.

Guérin (A. ✪), professeur au Lycée, rue Emile Jamais, 30.

Guinard Louis, publiciste, rue Antonin, 9.

Guirauden Gustave (A. ✪), conseiller municipal, rue
Bonfa.

Laporte, avocat, rue Jeanne d'Arc, 20.

Mailland, négociant, à Bouillargues.

Maroger Alfred, ingénieur, ancien adjoint au Maire de
Nimes, Avenue Feuchères.

Maruéjol Gaston, membre du Conseil général et du Conseil municipal, Avenue Carnot, 29.

Dr Ménard (I ❂), rue Antonin, 2.

Molines Albert (✳, A. ❂), banquier, place de la Salamandre, 10.

Mouret Alphonse, adjoint au Maire de Nimes, rue Molière, 6.

Picyre Jules, adjoint au Maire de Nimes, rue Meynier de Salinelles.

Reinaud Emile (✳, I. ❂), avocat, ancien maire de Nimes, boulevard Gambetta.

Rouvière François (I. ❂), publiciste, rue d'Albenas, 1.

Seguin Ulysse, propriétaire, à Milhaud.

Senilhac Louis, architecte, rue Bernard-Aton 15 bis.

Toureille Charles, inspecteur de l'octroi rue Meynier de Salinelles.

BUREAU DE LA DÉLÉGATION

M. Benoit-Germain (✳, I. ❂), *président*.

M. Bourguet Louis, *secrétaire*.

N. B. — D'une façon générale, les Ecoles des trois cantons de Nimes sont ouvertes à tous les délégués cantonaux.

BIBLIOTHÈQUE NATIONALE R.F. IMPRIMÉS

ECOLES PUBLIQUES

NOMS DES DÉLÉGUÉS	DE GARÇONS	DE FILLES	MATERNELLES
Angelras	Saint-Césaire	Saint-Césaire	Saint-Césaire
Arnaud	place de l'Oratoire	Ecole primaire supérieure rue Charles-Martel place de l'Oratoire	place de l'Oratoire
Benoît-Germain	rue Pavée Croix de Fer Mas de Mathieu	rue Saint-Laurent Croix de Fer Mas de Mathieu	boulev. de la République
Blanc	Garons.	Garons.	Garons.
Boissier Mestre	rue Pavée place de l'Oratoire	rue Saint-Laurent place de l'Oratoire	boulev. de la République place de l'Oratoire
Bosc	rue Charles-Martel rue de la Servie	rue Charles-Martel rue Monjardin	rue de Générac
Bourguet			
Chapellier	rue d'Avignon rue St-Charles	rue Enclos-Rey	Mont-Duplan
Charles Mathieu	rue Poise, cours compl. rue Poise, cours élément.	place Belle-Croix	rue Becdelièvre place du Chapitre
Clavel Marcellin	rue d'Avignon rue de la Servie		
Docteur Crouzet	Mont-Duplan	rue de France	Mont-Duplan
Docteur Delon			

18

Fajon-Vincent	rue d'Avignon	rue de France	rue Notre-Dame
Guérin	r. St-Charles, cours compl. / r. St-Charles, cours élém.	Ecole prim. sup. de filles / rue Saint-Laurent / Milhaud	rue Becdelièvre / boulev. de la République
Guinard	Mont-Duplan	rue de France	rue Notre-Dame
Guirauden	Croix de Fer / Mas de Mathieu	Croix de Fer / Mas de Mathieu	rue Ranguell
Laporte	rue de la Servie / place de l'Oratoire	rue Monjardin / place de l'Oratoire	place de l'Oratoire
Mailland	Bouillargues.	Bouillargues.	Bouillargues. / rue de Générac / rue Ranguell
Maroger	rue Charles-Martel	rue Enclos-Rey	Mas de Ponge
Maruéjol	Courbessac / Saint-Césaire	Courbessac / Saint-Césaire	Saint-Césaire
Docteur Ménard	Croix de Fer	Ecole prim. sup. de filles / rue des Bénédictins / Croix de Fer	rue Nerva
Molines	rue Poise, cours compl. / rue Poise, cours élément.		rue Notre-Dame / rue Ranguell
Mouret	rue Pavée	rue des Bénédictins	rue Becdelièvre / rue Nerva
Pieyre	rue Poise, cours compl. / rue Poise, cours élément.	place Belle-Croix	place du Chapitre
Reinaud	Mas de Mathieu	place Belle-Croix / Mas de Mathieu	place du Chapitre
Rouvière	r. St-Charles, cours comp. / r. St-Charles, cours élém.	rue des Bénédictins	rue Nerva
Seguin	Milhaud.	Milhaud.	Milhaud,
Senilhac	rue Charles-Martel	rue Monjardin / rue Charles-Martel	rue de Générac
Toureille	Mont-Duplan	rue Enclos-Rey	Mont-Duplan

ECOLES LIBRES

NOMS DES DÉLÉGUÉS	DE GARÇONS	DE FILLES	MATERNELLES
Angelras		rue Notre-Dame, 22	rue Saint-Paul, 28
Arnaud		rue Jean-Reboul, 20 rue de l'Abattoir, 13	rue de l'Abattoir, 13
Benoit-Germain	Avenue de la Plateforme	rue de Sauve, 1 boul. de la République, 15 rue Florian, 2	
Blanc	Garons.	Garons.	Garons.
Boissier-Mestre		rue Trajan, 16 rue de la Pitié, 11 rue Saint-Félix, 6	
Bosc		boulevard Talabot, 11 rue Ste-Perpétue, anc. tannerie Souchon	rue de Beaucaire, 12
Bourguet			
Chapellier	rue Enclos-Rey, 29 rue Enclos-Rey, 40	rue des Bons-Enfants, 22	
Charles-Mathieu	rue Pasteur	rue Fresque, 7 rue Pasteur, 28	
Clavel Marcellin		rue Ruffi, 22 Bosquet de l'Esplanade	rue Notre-Dame, 22
Docteur Crouzet			
Docteur Delon			

Fajon–Vincent	rue Roussy, 62	chemin d'Uzès, hôpital	
Guérin	rue Saint-Paul rue des Chassaintes	rue Saint-Paul, 9	
Guinard			rue Saint-Jean, 17 rue Pavée, 23 rue Pavée, 2
Guirauden	rue Flamande, 12	rue de la Biche, 35	rue Baudin, 20
Laporte	rue Bossuet	rue Plotine, 1	
Mailland	Bouillargues.	Bouillargues.	Bouillargues.
Maroger	rue Tréiys, 3	rue de l'Horloge, 23	
Maruéjol		Courbessac Courbessac (orph.) Rodilhan	
Docteur Ménard		rue de la Faïence, 1. rue de la Faïence, 5. rue de la Faïence, 7	
Molines		rue Rabaut-St-Etienne rue des Greffes, 12	rue des Greffes, 12
Mouret	rue Nationale, 42		rue Paulet, 16
Pieyre	rue des Marchands, 7	place Maison-Carrée, 4 rue de la Madeleine, 19	
Reinaud		rue Richelieu, 31 rue Guiran	rue Richelieu, 53
Rouvière	rue Rulman	rue Rouget de l'Isle rue Clérisseau	
Seguin	Milhaud.	Milhaud.	Milhaud.
Senilhac			rue Mareschal rue de la Faïence, 3
Toureille		rue Séguier, 26	rue Flamande, 20

DIVISION DES ÉCOLES PAR CANTONS
ÉCOLES PUBLIQUES

1er CANTON		2e CANTON		3e CANTON	
Rue Pavée	(garçons)	Rue St-Charles	(garçons)	Rue Poise	(garçons)
Rue Charles-Martel	id.	Rue d'Avignon	id.	Rue de la Servie	id.
Place de l'Oratoire	id.	Croix de Fer	id.	Mont-Duplan	id.
Saint-Césaire	id.	Mas de Mathieu	id.	Rue Monjardin	(filles).
Rue Jean-Reboul	(filles).	Courbessac	id.	Rue Enclos-Rey	id.
Rue des Bénédictins	id.	Place Belle-Croix	(filles).	Rue Rangueil	(maternelle).
Rue Charles-Martel	id.	Rue de France	id.	Mont-Duplan	id.
Place de l'Oratoire	id.	Croix de Fer	id.		
Saint-Césaire	id.	Mas de Mathieu	id.		
Rue Saint-Laurent	id.	Courbessac	id.		
Place de l'Oratoire	(maternelle).	Rue Notre-Dame	(maternelle).		
Rue Becdelièvre	id.	Place du Chapitre	id.		
Rue Nerva	id.				
Rue de Générac	id.				
Bd de la République	id.				
Saint-Césaire	id.				
Mas de Ponge	(École mixte).				

DIVISION DES ÉCOLES PAR CANTONS

ÉCOLES PRIVÉES

1er CANTON		2e CANTON		3e CANTON	
Rue Bossuet	(garçons)	Rue Nationale, 4e	(garçons)	Rue Enclos-Rey, 40	(garçons)
Rue St-Paul	id.	Rue Trélys, 3	id.	Rue Roussy, 62	id.
Aven. de la Plateforme	id.	Rue Flamande, 12	id.	Rue Enclos-Rey. 29	id.
Rue Pasteur	id.	Rue des Marchands, 7.	id.	Rue Fresque, 7	(filles).
Rue des Chassaintes, 19	id.	Rue Rulman, 8	id.	Rue des Greffes, 12	id.
Rue de Sauve, 1	(filles).	Rue Clérisseau, 23	(filles).	Rue de la Madeleine, 19	id.
Rue Trajan, 16	id.	R. des Bons-Enfants, 22	id.	Rue Séguier. 26	id.
Rue Plotine, 1	id.	Rue de l'Horloge. 23	id.	Rue de la Biche, 35	id.
Rue Jean-Reboul	id.	Rue Richelieu, 31	id.	Rue Notre-Dame, 22	id.
R. Rabaut-St-Etienne, 2	id.	Rue Guiran	id.	Boulev. du Viaduc, 11.	id.
Rue de la Pitié, 11	id.	Rue de la Faïence, 1.	id.	Chemin d'Uzès, hôpital	id.
Rue Pasteur. 28	id.	Rue de la Faïence, 5.	id.	Anc. route d'Arles.	id.
Rue Ruffi, 22	id.	Rue de la Faïence, 7.	id.	Bosquet de l'Esplanade	id.
Rue de l'Abattoir, 13.	id.	Place Maison-Carrée, 4	id.	Rue Ste-Perpétue	id.
Bd de la République. 15	id.	Courbessac	id.	Rue des Greffes, 12	(maternelle).
Rue Rouget de l'Isle, 7	id.	Courbessac	id.	Rue Notre-Dame, 22	id.
Rue Florian, 2	id.	Rue Flamande, 20	(maternelle).	Rue Baudin, 20	id.
Rue St-Félix, 6	id.	Rue Richelieu, 53	id.		
Rue St-Paul, 9	id.	Rue de Beaucaire, 12.	id.		
Rue Mareschal, 24	(maternelle).	Rue de la Faïence, 3.	id.		
Rue de l'Abattoir, 13.	id.	Rue Paulet, 16	id.		
Rue Pavée, 23	id.				
Rue St-Paul, 28	id.				
Rue St-Jean, 17	id.				
Rue Pavée, 2	id.				

ATTRIBUTIONS DES DÉLÉGUÉS CANTONAUX

Circulaire ministérielle du 25 Mars 1887

MONSIEUR LE PRÉFET,

La réorganisation des délégations cantonales, aux termes de l'article 65 de la loi du 30 octobre 1880, doit avoir lieu dans les deux mois qui suivent l'entrée en fonction des nouveaux conseils départementaux. Au moment ou s'achève, dans presque tous les départements, la désignation des délégués cantonaux, j'apprends qu'il s'élève quelques doutes et quelques divergences d'appréciation sur la nature de leurs fonctions, telles que les définissent la loi d'une part, et, de l'autre, le règlement organique du 18 janvier dernier. Je crois nécessaire de dissiper, à cet égard, tout malentendu.

La loi du 30 octobre 1886, règle comme suit, par son article 52, les attributions des délégués cantonaux :

Le Conseil départemental désigne un ou plusieurs délégués résidant dans chaque canton pour surveiller les écoles publiques et privées du canton, et il détermine les écoles particulièrement soumises à la surveillance de chacun d'eux.

Les délégués sont nommés pour trois ans. Ils sont rééligibles et toujours révocables. Chaque délégué correspond tant avec le Conseil départemental, auquel il doit adresser ses rapports, qu'avec les autorités locales pour tout ce qui regarde l'état et les besoins de l'enseignement primaire dans sa circonscription.

Il peut, lorsqu'il n'est pas membre du Conseil départemental, assister à ses séances, avoir voix consultative, pour les affaires intéressant les écoles de sa circonscription.

Les délégués se réunissent au moins une fois tous les trois mois au chef-lieu du canton sous la présidence de celui d'entre eux qu'ils désignent pour convenir des avis à transmettre au Conseil départemental.

Ce texte est littéralement le même que celui de l'article 43 de la loi de 1850 ; le législateur n'a donc pas eu l'intention de rien changer aux usages établis depuis trente ans sur cette matière.

A son tour, le décret du 18 janvier, rendu en Conseil supérieur, a précisé, dans les articles suivants, les conditions dans lesquelles doivent s'exercer les fonctions des délégués cantonaux.

Art. 136. — *Nul ne peut être délégué cantonal s'il n'est Français et âgé de vingt-cinq ans au moins.*

Art. 137. — *Nul chef ou professeur d'un établissement quelconque d'instruction primaire ne peut être délégué cantonal.*

Art. 138. — *Les délégués cantonaux n'ont entrée que dans les écoles soumises spécialement par le Conseil départemental à la surveillance de chacun d'eux.*

Ils communiquent aux inspecteurs de l'instruction primaire tous les renseignements utiles qu'ils ont pu recueillir.

Art. 139. — *Ils peuvent être consultés sur la convenance des locaux que les communes sont obligées de fournir pour la tenue de leurs écoles publiques.*

*Sur la fixation du nombre des écoles à établir dans
les communes et sur l'opportunité de la création d'écoles de hameau.*

*Sur les demandes de création d'emplois d'instituteur
adjoint et d'institutrice adjointe.*

Art. 140. — *L'inspection des autorités préposées à la
surveillance des écoles en vertu des paragraphes 4 et 5
de l'article 9 de la loi du 30 octobre 1886, portera, dans
les écoles publiques, sur l'état des locaux et du matériel,
sur l'hygiène et la tenue des élèves (1).*

Elle ne pourra jamais porter sur l'enseignement.

On m'assure que deux articles de cette réglementa-
tion ont inspiré quelque appréhension :

L'article 138, qui stipule que les délégués n'ont entrée
que dans les écoles que leur a spécialement désignées
le Conseil départemental ; l'article 140, qui rappelle
que leur inspection ne porte pas sur l'enseignement.

La première de ces prescriptions a été inspirée par la
pensée de laisser, comme par le passé, et désormais
sans contestation possible, au Conseil départemental
lui-même le droit de faire la répartition du service
suivant le système qui lui paraîtra le meilleur. La loi
lui réserve expressément le droit de proposer « un ou
plusieurs » délégués à toutes les écoles, et, par consé-
quent, à chaque école. C'est ce droit dans toute son

---

(1) La loi du 30 octobre 1886, art. 9, paragraphe 4 et 5.

*L'inspection des établissements d'instruction primaire publics
ou privés est exercée :*

1°...... 2°....... 3°......

4° *Par les membres du Conseil départemental désignés à cet
effet, conformément à l'article 50.*

*Toutefois, les écoles privées ne pourront être inspectées par les
instituteurs et institutrices publics qui font partie du Conseil
départemental ;*

5° *Par le Maire et les délégués cantonaux.*

étendue, que l'article 138 du décret consacre et précise. C'est du Conseil départemental que les délégués cantonaux tiennent leur autorité ; c'est au Conseil départemental de décider s'il veut, comme on l'a fait dans certains départements, ouvrir toutes les écoles d'un canton à tous les délégués de ce canton ; s'il préfère, comme on l'a fait ailleurs, partager le canton en petites subdivisions confiées, chacune, à un ou deux délégués. Il y a là une question d'habitudes, de circonstances locales et de convenances personnelles qu'il me semble bon de laisser régler au mieux de l'intérêt scolaire par l'Assemblée départementale. Un règlement formel, qui obligerait à une organisation absolument uniforme, n'aurait d'autre effet que d'entraver des bonnes volontés que l'on ne saurait laisser trop libres.

L'autre question, pour être plus délicate, n'est pas moins facile à résoudre. L'article 140 n'a pas pour but d'enlever au délégué cantonal une partie de ses attributions. En réalité, il n'ajoute ni ne retranche rien au rôle dont le délégué cantonal est investi depuis plus de trente ans. Et, pour se convaincre qu'il n'y a rien de changé à cet égard, il suffirait de relire les instructions ministérielles publiées au début même de l'institution, de 1850 à 1855. En voici les passages principaux, qu'il n'est pas sans intérêt de reproduire, ne fût-ce que pour constater la continuité de la tradition :

..... « Délégués du Conseil départemental, avec lequel ils peuvent correspondre directement, c'est de ce conseil surtout qu'ils doivent recevoir l'impulsion, c'est de ses pensées qu'ils doivent surtout s'inspirer. Leur mission, qui est toute de confiance, s'étend à tout ; mais elle n'est qu'une mission de surveillance, et, s'il est à désirer qu'ils multiplient les avis et les remontrances paternelles partout où besoin sera, il est à désirer aussi qu'ils ne compromettent jamais leur autorité, en s'efforçant d'introduire directement dans les écoles,

soit des livres, soit des principes d'éducation et d'enseignement dont ils apprécieraient les avantages mais
qui y seraient jusqu'alors inusités. » (Circulaire du
24 décembre 1859).

« Ne leur demandez point de juger les méthodes et
les livres ; demandez-leur si les enfants qui sont admis
depuis quelques temps déjà dans les écoles y ont reçu
une instruction suffisante, s'ils y sont tenus sainement,
s'ils y puisent de bons préceptes et surtout de bons
exemples de morale, s'ils y contractent des habitudes
de propreté, de politesse et de bienveillance réciproques,
en un mot s'ils sont bien élevés. » (Instruction générale
du 31 octobre 1854). Et lors même qu'à une certaine
époque on demanda au zèle des délégués cantonaux
de participer à une sorte d'enquête générale sur la
marche et les résultats de l'enseignement primaire, le
Ministre avait soin d'ajouter : « Il ne faut pas perdre
de vue qu'en réalité MM. les Délégués n'ont pas mission
d'apprécier, de contrôler le mérite relatif des procédés,
des méthodes diverses ; qu'ils n'ont pas à s'enquérir
si les élèves des écoles se rendent compte, par exemple,
des principes de la lecture, de l'écriture ; mais qu'ils
ont seulement à vérifier si les élèves lisent ou écrivent
bien ou mal ; que c'est, en un mot, pour eux, la simple
constatation d'un fait qu'ils ont à consigner. » (Circulaire du 18 mars 1854). Et l'année suivante : « Je n'ou-
blie pas que l'on ne saurait réclamer d'eux ces compa-
raisons de méthodes, ces investigations minutieuses,
ces jugements techniques que l'Administration exige
des inspecteurs de l'enseignement primaire... MM. les
Délégués sont, aux yeux de la loi, les représentants de
la famille dans l'école. C'est au nom des familles que
leur influence morale s'y fait sentir et que leur autorité
s'y exerce... « (Circulaire du 16 mai 1855).

C'est précisément, Monsieur le Préfet, dans le même
sentiment qu'a été rédigé l'article 140 du décret de

janvier dernier. Il n'a d'autre objet que de prévenir
une confusion d'attributions qui affaiblirait tous les
services scolaires sans en fortifier aucun. Il s'agit d'établir clairement les relations qui doivent exister entre
le délégué cantonal, l'inspecteur primaire et l'instituteur.

Aujourd'hui l'enseignement primaire a sa loi organique ; il possède un ensemble de programme dont
les grandes lignes sont inscrites dans la loi elle-même
et dont le détail a été réglé par les conseils universitai-
res légalement chargés de ce soin. L'inspection est
partout organisée et partout obligée de suivre de très
près les règlements spéciaux qui régissent les écoles
publiques. Il est donc moins que jamais nécessaire que
le délégué cantonal intervienne dans les programmes,
ait le droit de modifier les exercices scolaires, de se
prononcer sur telle méthode, tel procédé, tel livre, tel
manuel, d'organiser des concours entre écoles ou des
compositions entre élèves.

Le Conseil supérieur n'a rien entendu faire de nouveau en rappelant au délégué cantonal qu'il n'est pas
l'inspecteur de l'enseignement primaire : on pourrait
plutôt l'appeler l'inspecteur de l'éducation. Le service
que la société attend de lui, ce n'est pas de corriger des
dictées ou des problèmes, de classer des copies d'élèves ou de mettre à l'épreuve le savoir des maîtres : or
l'a chargé d'un office beaucoup moins précis, il est
vrai, mais bien autrement délicat et dont l'importance
ne peut lui échapper. Il entre dans une classe, lui qui
vient du dehors : il est impossible qu'il ne soit pas
frappé de certains traits que, peut-être, ni l'instituteur
ni l'inspecteur ne remarquent plus. Plus sûrement que
personne, il appréciera la tenue des élèves, l'entrain
de la classe, l'ardeur ou l'inertie qui s'y trahit, les
habitudes d'attention, d'ordre, de ponctualité, l'affection et la confiance que le maître a su inspirer, l'esprit

enfin qui règne à l'école et qui se lit partout, sur les visages et dans les cahiers.

Arrive-t-il inopinément ? Ce n'est pas en faisant tout suspendre pour ouvrir une sorte de séance d'apparat qu'il se renseignera le mieux ; c'est en demandant aux maîtres de vouloir bien continuer sans rien changer : moins il troublera l'ordre de la classe, mieux il jugera au fond le maître et les élèves. Veut-il prendre part à une interrogation, adresser quelques questions aux élèves ? Veut-il examiner les cahiers, les devoirs, les cartes, les dessins ? Veut-il, surtout, — ce qui est, en matière d'enseignement, le plus grand service qu'il puisse rendre et la source d'information par excellence qu'il doit consulter — examiner l'ensemble des *cahiers de devoirs mensuels*, ces cahiers où chaque élève écrit, en quelque sorte à son insu, mois par mois, l'histoire de son éducation, et grâce auxquels on pourra, d'ici à peu d'années, quand on saura s'en servir couramment, avoir sous les yeux, pour ainsi dire, l'image vivante de la classe et le tableau irrécusable de ses progrès ? Tout est à sa disposition, et il fera bien de témoigner qu'il s'intéresse à tout dans l'école. Qu'il se souvienne seulement que, s'il doit s'efforcer de tout voir, de tout entendre, de tout observer, ce n'est pas au point de vue technique de l'homme du métier, mais à un point de vue plus général, celui de la famille et de la société. Que nos instituteurs eux-mêmes n'oublient pas que notre enseignement primaire public ne doit pas tendre à s'isoler, à s'enfermer, à se défendre contre l'incessante intervention de la société, contre les critiques, les observations, les contrôles du dehors. Aussi, bien loin de vouloir restreindre l'action des délégations cantonales, devons-nous tout faire pour l'encourager et l'étendre. Plus la famille s'intéresse à l'école, plus l'école est sûre de prospérer. L'idéal en cette matière, ne serait-il pas que l'école fût, pour ainsi dire, ouverte perpétuellement aux regards de la famille, et la famille sans cesse invitée à aider le maitre dans sa tâche par un concours effectif et journalier ?

Mais pour s'aider, il faut, avant tout, éviter de se contredire ; et, pour cela, il faut que chacun comprenne bien son rôle et s'y maintienne, résistant scrupuleusement à la tentation d'accroitre son prestige et d'accaparer une part d'autorité qui ne lui sera pas dévolue. La « surveillance » confiée aux délégués du Conseil départemental et l'« inspection » confiée aux inspecteurs spéciaux nommés par le Ministre ne sont pas, ne doivent pas être une seule et même chose. Voulons-nous que les visites des diverses autorités scolaires fassent du bien et ne fassent que du bien ? Appliquons-nous à écarter toute chance de conflit entre ces autorités, toute occasion de désarroi dans la marche de l'école, tout motif d'inquiétude ou de froissement pour l'instituteur.

Comme tous ceux qui se sont occupés d'enseignement, les délégués cantonaux savent bien que le véritable ressort de l'école, ce n'est pas l'enseignement, le programme, le livre, ce n'est même pas l'inspection ou la surveillance administrative, c'est un homme, c'est l'instituteur.

Et pour qu'il remplisse joyeusement sa tâche, il lui faut, avant tout, le sentiment de sa liberté, de sa responsabilité, de son initiative. Un peu d'inspection aide et stimule ; trop d'inspection paralyse. C'est assez d'un supérieur hiérarchique à qui l'instituteur doit compte de tous les détails de sa vie professionnelle ; il ne faudrait pas que toutes les autres autorités instituées par la loi, préfet, maire, conseillers et délégués, se transformassent, à ses yeux, en autant d'inspecteurs primaires.

C'est cette méprise que le Conseil supérieur a voulu prévenir. Conformément à une tradition constante, il n'a entendu limiter l'autorité du délégué cantonal que dans les questions qui touchent aux méthodes d'enseignement et à la marche réglementaire des exercices de chaque classe. Vous n'aurez aucune peine, j'en suis sûr, Monsieur le Préfet, à expliquer, soit au Conseil départemental, soit à MM. les Délégués cantonaux, les dispositions réglementaires qui ne sont destinées qu'à affermir, bien loin de la diminuer en quoi que ce soit, la mission de confiance qu'ils veulent bien accepter comme représentants de la société auprès de l'école et comme patrons de l'école auprès de la société.

LETTRE adressée aux Préfets annonçant l'envoi d'une circulaire du 10 juillet 1895 adressée aux Membres des Délégations cantonales, des Caisses des écoles et des Commissions scolaires.

Du 10 juillet,

Monsieur le Préfet,

Vous recevrez ci-joint un certain nombre d'exemplaires d'une circulaire que j'adresse aux membres des *délégations cantonales*, des *caisses des écoles* et des *commissions scolaires* pour attirer leur attention sur les services qu'ils peuvent rendre, dans ces divers comités à la diffusion de l'enseignement.

En faisant passer cette communication par votre intermédiaire, je n'ai pas seulement en vue de rappeler que rien de ce qui touche les intérêts de l'instruction nationale ne peut vous être étranger, je désire surtout vous donner l'occasion d'intervenir vous-même d'une manière efficace.

Ce n'est pas une manière de voir propre à quelques hommes politiques ou à quelques amis dévoués de l'école, c'est un sentiment général qui se fait jour de toutes parts dans le pays que, si pour l'instruction et l'éducation populaires l'œuvre des lois est finie, celle des mœurs ne l'est pas.

On avait prétendu que l'instruction obligatoire, que l'école publique gratuite et laïque rencontrerait la plus redoutable des oppositions, l'indifférence générale. Il n'y a pas dix ans que ces nouveautés hardies sont entrées dans notre législation, et déjà l'opinion publique, — bien loin de se plaindre que l'école ait reçu de si grands développements — exige qu'elle en prenne

3

de plus grands encore. On réclame de sa part un redoublement d'action et comme un prolongement d'influence morale, une plus intime et plus durable adaptation aux besoins de la société, une coopération plus profonde à la formation de l'homme et du citoyen.

Si, parfois, l'on demande trop à l'école, si l'on se fait une idée exagérée de sa puissance et si l'on va jusqu'à lui reprocher de n'avoir pas, en quelques années, transformé le pays, ce n'est pas à nous de nous en plaindre : nous pourrions plutôt nous en féliciter. Car c'est la preuve que tout le monde reconnait aujourd'hui ce que soutenaient les fondateurs de notre nouveau régime scolaire, à savoir que, pour un pays de suffrage universel, l'instruction est l'un des plus puissants agents du progrès national et qu'un gouvernement républicain n'y accordera jamais trop d'attention.

Montrons-nous donc prêts à répondre à cet appel, et en particulier préparons-nous à mettre en œuvre toutes les ressources que comportent les institutions auxiliaires et complémentaires de l'école.

Je compte sur vous, Monsieur le Préfet, pour vous enquérir de ce qui convient particulièrement à votre département, pour provoquer les efforts et pour les coordonner tout en leur laissant la liberté sans laquelle de telles initiatives seraient condamnées à échouer ; votre rôle est d'accueillir toutes les bonnes volontés, de les encourager, de les soutenir, sans prétendre en aucune façon les diriger sous prétexte de groupement, ni les enchainer par esprit d'uniformité.

Vous voudrez bien faire lire la circulaire ci-jointe dans l'une des prochaines séances des divers comités auxquels je l'adresse, et, parmi les réponses qui vous parviendront, je vous saurai gré de me transmettre celles qui contiendraient des propositions et des observations ayant une portée générale. En effet, quelques-unes des sociétés reconnues d'utilité publique qui s'occupent de l'enseignement des adultes sous diverses formes m'ont fait part de leur intention de participer au *Congrès libre des associations d'instruction et d'éducation populaires de France* qui doit tenir ses assises dans quelques semaines au Havre et aborder précisément cette grave question de la réorganisation de l'enseignement des adultes sur des bases nouvelles. Le Gouvernement a promis son appui à cette utile et généreuse tentative. Je serais donc très heureux de porter à la connaissance du congrès tous les documents, rapports, mémoires et projets émanant soit des autorités constituées, soit des comités placés sous votre direction et sous celle de l'inspection académique, qui pourront contribuer à éclairer l'opinion et à favoriser l'extension de l'enseignement populaire.

Recevez, Monsieur le Préfet, l'assurance de ma considération la plus distinguée.

Le Ministre de l'Instruction publique, des Beaux-Arts et des Cultes,

R. POINCARÉ.

CIRCULAIRE adressée aux, Membres des Délégations cantonales, des Caisses des écoles et des Commissions scolaires sur les services que ces divers comités peuvent rendre pour l'instruction des enfants et l'instruction des adultes.

Du 10 juillet,

Messieurs les Membres des Délégations cantonales, des Caisses des écoles et des Commissions scolaires,

C'est la première fois qu'un Ministre de l'Instruction publique s'adresse directement à vous.

Vous n'êtes pas des fonctionnaires au sens étroit du mot, mais vous remplissez à titre bénévole des fonctions dont l'importance apparaît de plus en plus clairement. Le pays se rend bien compte aujourd'hui de la grande part que vous pouvez prendre au développement de nos institutions scolaires et, par suite, au développement même de notre démocratie.

Vous connaissez votre mandat. Je tiens néanmoins à en conférer avec vous, Messieurs, pour bien préciser ce que le Gouvernement d'accord avec l'opinion publique, attend de vous.

Les lois scolaires promulguées de 1881 à 1889 ont rendu l'instruction primaire obligatoire, ont fait de de l'école publique un établissement national, laïque, librement et gratuitement ouvert à tous, qui doit donner aux enfants du pays l'enseignement élémentaire et l'éducation morale, en laissant aux familles toutes facilités pour y ajouter suivant leur conscience, les principes et les pratiques de la religion de leur choix.

Mais, ce que les lois édictent en quelques mots, il faut que les mœurs le réalisent dans le détail infini de l'application. Il ne suffit pas que la loi soit obéie, il importe qu'elle soit comprise, mieux encore, qu'elle soit aimée.

Faire comprendre et faire aimer la loi, c'est précisément pour cet objet que sont établis les divers comités dont vous faites partie. Chacun d'eux a ses attributions propres, mais tous ont un même caractère; ils doivent servir de trait d'union entre l'école, la famille et la société.

Membres de ces comités, vous représentez dans l'école les intérêts de la nation, et vous représentez devant les familles les droits de l'école. C'est cette double mission dont je vous demande, Messieurs, de prendre de plus en plus conscience, afin de l'exercer dans toute sa plénitude sous la forme qui convient à chacun des comités auxquels vous appartenez.

Délégués cantonaux, vous portez avant tout votre sollicitude sur les besoins matériels de l'école, vous êtes ses avocats devant les autorités scolaires et municipales. Vous réclamez en sa faveur le concours des communes. Mais vous avez, d'autre part, sur l'école elle-même une légitime influence.

Sans doute, vous ne devez pas aspirer à faire double emploi avec l'inspecteur primaire, encore moins à lui faire concurrence en matière d'études ou à contrôler ses conseils pédagogiques. Aujourd'hui que les programmes de l'école sont arrêtés avec une entière précision par les autorités que la loi a chargées de ce soin, il ne vous appartient pas de vous ingérer dans la répartition des matières d'enseignement, dans l'appréciation des méthodes, des livres, des appareils en usage : ce serait organiser l'anarchie, que de placer à chaque instant l'instituteur entre deux chefs dont l'avis pourrait différer.

Mais que de services il vous est possible de rendre à l'instituteur et à l'inspecteur primaire en ce qui concerne l'éducation! Un bon délégué cantonal, c'est peut-être le témoin le mieux placé pour suivre les effets de l'école sur l'écolier, car il les suit hors de la classe; il constate si les enfants ont pris à l'école et gardent dans la vie quotidienne des habitudes d'ordre, de politesse, de respect, de travail, si les leçons de morale qu'ils reçoivent sont restées à la surface ou ont pénétré; il peut remarquer tel point où leur éducation laisse à désirer, recueillir les observations ou les plaintes des familles, ou au contraire témoigner de leur satisfaction. Il peut parler aux enfants et il peut parler d'eux non en professeur mais en père de famille, en ami de leurs parents.

La *Caisse des écoles* recueille des secours et elle les distribue. C'est elle qui facilite et encourage la régularité de la fréquentation, qui vient en aide et à l'école et à la famille sous des formes infiniment multipliées suivant les besoins, qui donne en argent ou en nature, à la ville et à la campagne, tantôt à titre d'encouragement, tantôt sous le nom de récompense, tout ce qui manque à l'enfant ; aliments, vêtements, chaussures, livres, cahiers et jusqu'aux jouets pour les tout petits.

Enfin la *Commission scolaire municipale* est un des rouages essentiels pour l'exécution de la loi sur l'obligation scolaire, c'est malheureusement un de ceux dont le fonctionnement offre le plus de difficultés. Je ne parle pas des rares communes où, par un esprit de parti qui n'est plus de notre temps, la commission elle-même se mettant pour ainsi dire en révolte contre la loi qu'elle est chargée d'appliquer, encouragerait systématiquement les parents à s'y soustraire. Sans aller jusqu'à ce cas extrême, dont l'opinion publique aurait vite fait justice dans un pays de bon sens comme le nôtre, il reste d'innombrables difficultés de détail qui entravent la régularité de la fréquentation et qui par là même compromettent l'efficacité de l'école. Il appartient à la commission scolaire d'étudier sur place chacun de ces obstacles et d'en triompher ; j'indiquerai tout à l'heure quelques-uns de ses moyens d'action.

Qu'il s'agisse de l'une ou de l'autre de ces fondations

— délégation cantonale, caisse des écoles ou commission scolaire — et beaucoup d'entre vous appartiennent simultanément à ces divers comités — je viens vous demander, sans sortir de vos attributions de vouloir bien faire un effort de plus pour aider le pays à tirer pleinement parti des institutions scolaires dont la République l'a doté.

C'est une idée très fausse et encore trop répandue de tout attendre de l'État, en matière d'enseignement aussi bien qu'en beaucoup d'autres. Là surtout, l'État a fait ce qu'il avait à faire, le reste dépend du bon vouloir de tous et de l'initiative de chacun.

Nous avons une législation scolaire qui a triomphé, par sa sagesse et sa modération même, des attaques les plus violentes ; nous avons une hiérarchie d'autorités qui fonctionne régulièrement et un personnel enseignant, bien préparé à ses fonctions, animé d'un esprit de travail, consciencieux, dévoué, désireux et capable de servir dignement la démocratie ; nous avons des maisons d'école qui, sans être des palais, représentent dans leur ensemble un des plus grands sacrifices que la République se soit imposés, elles ont coûté plus d'un demi-milliard ; nous avons, enfin, un budget annuel de plus de 120 millions pour faire face aux traitements de l'enseignement primaire public.

Ayant ainsi rempli sa tâche, l'État n'a-t-il pas le droit de faire appel au concours de tous les bons citoyens pour que, de tant d'efforts et de sacrifices, rien ne soit perdu ?

Le service que vous demande le Gouvernement de la République, c'est d'user de toute votre influence pour faire fructifier l'argent que la République consacre libéralement à l'instruction populaire, c'est de contribuer personnellement par vos conseils et par votre exemple à faire mieux comprendre aux familles leurs devoirs envers l'école et à l'école ses devoirs envers les familles.

Notre idéal n'est pas d'avoir de belles écoles dirigées par des maîtres très instruits, s'acquittant honorablement de leur tâche professionnelle et indifférents à tout le reste. Nous souhaitons, nous espérons beaucoup plus. L'école républicaine n'est pas un établissement isolé, vivant de sa vie propre et se confinant dans l'apprentissage consciencieux de la lecture et de l'écriture, de l'orthographe et du calcul. C'est la première, j'entends à la fois la plus humble et la plus importante des institutions sociales, celle qui prépare pour nous succéder de jeunes générations animées de l'esprit patriotique et républicain. C'est une sorte d'atelier national où se forge la France de demain, et d'où sortira la grande masse des citoyens, des travailleurs et des soldats qui, d'ici à trente ans, tiendront dans leurs mains les destinées de la patrie.

Dès lors, rien de ce qui se fait à l'école n'est indifférent au pays. Et c'est ce qui vous donne le droit avec le devoir de vous y intéresser très directement.

Je ne veux pas m'en tenir à de vagues généralités. Permettez-moi d'entrer avec vous dans le détail et dans la pratique. Je voudrais vous montrer quels services vous pouvez rendre à l'instruction dans ce pays.

Je me bornerai à quelques exemples qui se rapportent à deux points précis :

1° Ce que vous pouvez faire pour améliorer l'instruction des enfants ;

2° Ce que vous pouvez faire pour améliorer l'instruction des adolescents et des adultes.

INSTRUCTION DES ENFANTS. — Le premier bienfait que l'école puisse recevoir de vous, Messieurs, c'est que vous stimuliez, que vous encouragiez la fréquentation scolaire.

Le temps qu'un enfant d'une famille d'ouvrier, d'employé ou de cultivateur peut consacrer à son instruction est, par la force des choses, étroitement limité : à treize ans au plus, il aura fini, il quittera l'école. Ainsi de six à treize ans, au maximum, en supposant que la loi s'applique dans les meilleures conditions, voilà tout ce qui est donné à l'immense majorité des enfants de ce pays pour acquérir la première culture intellectuelle et morale indispensable à tous les hommes.

Songez combien c'est peu que ces six ou sept années d'enfance, combien les impressions y sont fugitives, combien d'études et de connaissances diverses, en se bornant même aux rudiments de tout, l'enfant est obligé d'accumuler.

Or, ce temps si court, si manifestement insuffisant, il s'en faut de beaucoup qu'il soit en fait mis à la disposition de l'école.

La fréquentation scolaire a, dans une grande partie de la France, de très regrettables lacunes : la scolarité réelle commence plus tard et finit beaucoup plus tôt que la scolarité légale ; des raisons, les unes graves et douloureuses, les autres futiles et condamnables, font que l'enfant gaspille en fait un cinquième, un quart, parfois un tiers du temps qu'il doit à l'école et que l'école lui doit.

C'est là un premier mal que vous devez, que vous pouvez combattre.

Si l'irrégularité de la fréquentation vient de mauvaises habitudes locales, de la négligence, de l'inertie des parents, aidez-nous à leur faire comprendre le tort qu'ils font à leurs enfants. Ne vous bornez pas à déplorer le fait quand vous êtes en séance dans un de vos comités ; imposez-vous le devoir, toutes les fois que l'occasion s'en présente, de montrer franchement et nettement aux pères et aux mères de famille les conséquences de leur conduite.

Si l'irrégularité de la fréquentation, et c'est le cas le
plus fréquent, provient non pas du mauvais vouloir,
mais de difficultés réelles, ici de la misère des familles,
là d'une nécessité locale comme il s'en rencontre, par
exemple, dans les pays de pâturage, alors les bonnes
exhortations ne suffisent plus; il faut vous réunir,
vous ingénier pour lutter contre le mal ou l'atténuer.
Quelquefois, un subside minime, un livret de caisse
d'épargne, des bons de cantine, une prime de fréquentation de quelques centimes par semaine, d'autres
menus secours accordés par la caisse des écoles aux
enfants nécessiteux suffiront, avec un peu de courage
que vos sympathies mêmes rendront aux parents, pour
triompher de bien des obstacles; d'autres fois, une
récompense, une très petite somme attachée par la
caisse des écoles ou par des bienfaiteurs particuliers
à la possession du certificat d'études, décidera la famille
et lui fera trouver les moyens de ne pas abréger misé-
rablement les études de l'enfant. Dans certaines
communes, il suffira de changer les heures de classe
en été, — au besoin de faire deux demi-classes : l'une,
de grand matin, l'autre, à la fin de l'après-midi ; ailleurs,
au contraire, de placer une seule séance au milieu de
la journée — pour permettre aux enfants de continuer
au moins en partie leur instruction tout en vaquant
aux travaux des champs suivant les besoins de la saison.
La délégation cantonale, qui connait les usages du pays,
pourra, pendant les mois d'été, demander l'organisation
d'écoles de demi-temps, réduire la fréquentation, s'il
le faut, à deux ou trois heures par jour, et diviser même
l'effectif scolaire en deux groupes : l'un venant en classe
le matin ; l'autre, le soir. Nos règlements ne sont pas
une lettre rigide et comme une consigne militaire : instituteurs et inspecteurs sauront toujours les assouplir
à votre demande.

L'important est de ne pas laisser interrompre complè-
tement toute étude pendant plusieurs mois.

Dans beaucoup de cas, en hiver surtout, ce sont simplement les vêtements et les chaussures qui font défaut. Vous interviendrez pour obtenir qu'il en soit distribué par la caisse des écoles, dussiez-vous, pour y parvenir, provoquer une souscription que personne ne vous refusera. Ailleurs — et les rapports des inspecteurs primaires ne cessent, comme ceux des inspecteurs généraux, de signaler ce fait à peine croyable — après que l'Etat a payé des millions pour bâtir les écoles et pour assurer le traitement des maîtres, déchargeant ainsi la commune de la presque totalité des grosses dépenses, il existe encore des communes qui rendent inutiles ces énormes sacrifices en refusant d'accorder aux élèves indigents les quelques sous indispensables pour acheter les fournitures scolaires : on voit dans certaines écoles des enfants inoccupés ou suivant de loin, péniblement, infructueusement, le travail de leurs camarades, faute d'un livre, d'un cahier ou d'un crayon que la commune refuse ou plutôt néglige indéfiniment de leur fournir, alors qu'elle n'a plus rien d'autre à dépenser pour l'école. Pouvez-vous, quand vous passez dans une classe et que vous êtes témoins de ce fait, pouvez-vous vous résigner et vous taire ? Ne devez-vous pas, au sortir même de l'école, aller trouver les autorités municipales, leur parler le langage que vous suggérera ce que vous venez de voir ? Venant d'un de leurs concitoyens les plus notables, cet avertissement les touchera et, eussent-ils même été sourds jusqu'ici à d'autres appels, ils ne résisteront pas au vôtre.

Je sais bien que, malgré les prescriptions formelles de la loi, il y a encore près de la moitié des communes de France qui ne possèdent pas même une caisse des écoles. Est-ce un obstacle qui doive vous arrêter, Messieurs, et ne devez-vous pas, au contraire, saisir l'occasion pour constituer cet auxiliaire précieux de l'école ? L'argent manque ? Mettez-y seulement votre cotisation

et celle, si minime qu'elle soit, de vos voisins et de vos
amis, celle du maire, celle de deux ou trois conseillers
municipaux, le produit d'une quête faite à la mairie à
l'occasion d'un mariage, et en voilà assez pour commen-
cer; vous demanderez au Ministère une petite subven-
tion à titre d'encouragement, et elle ne vous sera pas
refusée. Ainsi, peu à peu, grossira cette modeste réserve, humble mais utile bureau de bienfaisance scolaire.

Qui prendra l'initiative de ces créations ? Qui fera
pénétrer ces idées jusque dans la dernière commune
de France, si ce n'est vous, Messieurs ? Les personnes
de bonne volonté, quoi qu'on en dise, ne manquent nulle
part en ce pays. Il suffit de leur dire ce qu'on attend
d'elles. Combien y en a-t-il qui ignorent jusqu'à l'exis-
tence de la caisse des écoles dans leur commune et
n'ont jamais pensé à s'y faire inscrire.

Il en est qui se déclarent partisans des théories les
plus avancées en matière d'initiative individuelle ou
communale, qui se plaignent de la centralisation administrative, qui admirent de confiance les institutions
libérales d'autres pays et qui ne se doutent pas qu'il y a
là, à leur porte, une institution créée en principe
depuis trente ans, qui est à la fois la plus souple, la plus
libre, la plus simple, la plus humaine et la plus démo-
cratique des conceptions, une véritable société de bienfaisance et de bienveillance mutuelle au profit des
enfants du pays sans distinction, une sorte d'association mi-publique, mi-privée, s'administrant elle-même,
jouissant de la personnalité civile, n'ayant d'autres
statuts que ceux qu'elle se donne, où tous les gens
de bien qui s'intéressent à l'enfance peuvent appor-
ter leur obole et, ce qui vaut plus encore, leur affection.

Parlez-en autour de vous, Messieurs, vous serez vite
écoutés. Dites et redites qu'en matière de bonnes œuvres
scolaires et sociales, dans notre France que l'on croit
étouffée sous les règlements officiels, il y a de l'ouvrage

pour quiconque en voudra, il y a place pour toutes les libres initiatives, et on a besoin d'elles.

C'est une erreur de se représenter l'école publique comme ayant la prétention de se suffire à elle-même, de repousser les profanes et de rester la chose de l'Administration. Loin de dédaigner les concours bénévoles elle les sollicite tous jusqu'aux plus modestes.

J'insiste sur la Caisse des écoles, parce que c'est l'aide par excellence pour la fréquentation scolaire. Mais il existe d'autres institutions, auxiliaires et complémentaires de l'école, dont la prospérité dépendra de vous, que l'instituteur ne peut presque jamais créer à lui tout seul, qu'il créera toujours avec votre appui. Il ne suffit pas, en effet, que l'école soit fréquentée le plus longtemps et le plus régulièrement possible, il faut qu'elle s'entoure de toutes les annexes qui peuvent en rendre l'action plus aimable et, par là même, plus efficace. Et ce sont autant d'œuvres modestes dont vous pouvez être les initiateurs : vous serez suivis dès que vous aurez fait le premier pas.

Vous pouvez ainsi fonder une *bibliothèque scolaire*, dont les livres, emportés dans la famille feront prendre au moins aux enfants et peut-être, par contre-coup, à beaucoup de parents, l'habitude et le goût de la lecture.

Vous pouvez fonder un petit *musée scolaire*, où se trouveront bientôt réunis des spécimens de matières premières, des produits industriels et agricoles de la région et qui ajouteront à l'enseignement du livre le vivant exemple de la leçon de choses.

Vous pouvez fonder la *caisse d'épargne scolaire* et mieux encore quelqu'une de ces sociétés si ingénieusement conçues depuis quelques années sous le nom de *mutualité scolaire*, qui montrent tout ensemble à l'enfant la puissance de l'épargne et celle de l'association, qui, associant l'idée d'économie à l'idée de solidarité, lui apprennent à la fois la prévoyance pour soi, qui est une forme de l'intérêt bien entendu, et la prévoyance pour autrui, qui est une forme de la fraternité.

Vous pouvez, dans bien des communes pauvres, faire une innovation, presque une révolution, simplement en établissant une *distribution des prix* et une polite fête de clôture de l'année scolaire, une exposition des travaux des élèves que les parents viendront visiter avec plaisir et non sans profit.

A la campagne, vous pouvez créer ces petites *sociétés d'élèves* et puis d'*anciens élèves* pour la protection des animaux utiles, pour empêcher la destruction des oiseaux, ce fléau de quelques contrées, pour d'autres intérêts agricoles. A la ville, ce seront des sociétés de gymnastique, de tir, de jeux physiques, des sociétés de chant et de musique instrumentale, des associations amicales d'anciens élèves de presque toutes les grandes écoles urbaines.

Vous pouvez presque partout organiser des *comités de dames patronesses* pour l'école maternelle, d'autres pour établir des ouvroirs, des réunions de couture, d'autres pour offrir le jeudi et le dimanche aux élèves et aux anciennes élèves une occasion de se réunir autour de quelques personnes qui se feront une joie d'égayer leur après-midi par des jeux, des lectures, des promenades, des divertissements de bon aloi.

Vous pouvez prendre part à ce grand mouvement qui s'accentue en faveur des *patronages laïques* destinés à offrir aux élèves, d'abord pendant le temps de la scolarité, plus tard au moment de l'apprentissage, la sympathie et la protection de personnes amies qui sauront les guider, les encourager dans les débuts de la vie et leur faire connaître, parfois dans des moments critiques, la douceur d'une bonne parole et la force d'un bon conseil.

Je n'essaie pas de compléter cette énumération des diverses institutions vraiment philanthropique et vraiement démocratiques qui peuvent se grouper autour de l'école, et, sûr que vous n'avez pas de doutes sur ce premier objet de votre activité, je passe au second.

INSTRUCTION DES ADOLESCENTS ET DES ADULTES. — De toutes parts, en France, on demande que l'instruction ne s'arrête pas à la période scolaire obligatoire, qu'un grand effort soit tenté pour donner un lendemain à l'école, que de douze à dix-huit ans, l'apprenti et le jeune ouvrier ne soient pas absolument destitués de tout secours intellectuel et moral, mais reçoivent quelque part sous des formes appropriées, encore un peu d'enseignement, encore un peu d'éducation. De l'école au régiment, s'étend l'âge critique à franchir, celui où l'adolescent n'est plus soutenu par l'école, n'est pas encore armé pour la vie et se trouve si souvent exposé aux tentations de la rue et du cabaret.

Il n'est pas possible que notre pays se résigne à laisser de la sorte inachevée une œuvre à laquelle il attache ses plus chères, ses plus patriotiques espérances. Nous avons trop fait en faveur de l'enfant pour ne pas y ajouter le strict nécessaire en faveur de l'adolescent.

Là encore, l'État ne décline pas la part de responsabilité qui lui incombe. Le budget du Ministère de l'Instruction publique contient déjà des crédits destinés à venir en aide aux communes et aux sociétés qui travaillent à cette œuvre excellente de l'instruction populaire des adultes. Le Gouvernement procède d'ailleurs à une enquête approfondie sur les besoins de cet enseignement et sur la marche à suivre dans son développement.

Mais, quel que soit l'effort des pouvoirs publics, il faut bien se dire que, dans ce domaine surtout, rien de grand ne peut se faire sans le concours ardent et libre, sans l'initiative généreuse d'une foule de volontaires. Ce n'est pas un règlement ministériel, c'est un élan national qui peut créer d'un bout de la France à l'autre cette forme nouvelle de l'éducation républicaine.

Vous ne vous étonnerez donc pas, Messieurs, qu'ici, plus que sur tous les autres points, je m'adresse à vous comme à mes premiers collaborateurs. Nous ne sommes pas en mesure de décréter d'office la constitution d'un vaste enseignement populaire des adultes ; de créer de toutes pièces un nouveau cadre d'institutions scolaires proprement dites, d'ouvrir au budget tout un nouveau chapitre ; mais chacun de vous peut, sur place, réaliser une partie de cet immense programme.

Il suffit que vous y pensiez pour trouver une œuvre à faire, et à faire sans délai. Qu'il s'agisse de réunir les jeunes gens pour leur faire un cours suivi sur les matières qu'ils sentent maintenant le besoin d'étudier ou de simples conférences instructives et récréatives ; qu'il s'agisse de convier les familles à des séances d'enseignement agricole, scientifique ou industriel, à des lectures que vivifieront des projections lumineuses, à des soirées fraternelles où l'on s'efforcera de les intéresser à tout ce qui est intéressant pour l'homme et pour le citoyen, vous êtes en situation de déterminer un mouvement d'opinion, d'entraîner après vous maîtres et élèves, public et conférenciers. L'inspecteur de la circonscription, les instituteurs de la commune et du canton seront les premiers à répondre à votre appel. Étudiez avec eux la meilleure manière d'organiser dans la commune, dans la section, dans le quartier, cet enseignement essentiellement variable et fragmentaire qui ne vaut que par l'exacte appropriation aux besoins des auditeurs, lesquels ne sont plus des écoliers. Choisissez d'accord avec eux, ce qui vous paraîtra le mieux convenir à votre public. Essayez et recommencez jusqu'à ce que vous ayez trouvé le moyen de vous attacher la jeunesse ou par l'attrait des réunions ou par la curiosité, ou par le profit pratique qu'on pourra tirer de vos leçons, ou par la sympathie et la reconnaissance, souvent par tous ces mobiles réunis.

Surtout, n'ayez pas le souci d'opérer tous et partout pareillement: d'une commune à l'autre, d'une année à l'autre, les procédés peuvent varier. Dans quelques endroits vous trouverez encore des illettrés, et tout comme au temps de M. Duruy, vous serez reconnaissants à l'instituteur d'apprendre à des conscrits de demain les éléments de l'enseignement primaire. Dans la plupart des cas, il faudra un tout autre programme, des développements en rapport avec les connaissances des élèves. Le cours d'adultes, ici très élémentaire, sera ailleurs presque technique. Il ne sera pas le même dans une commune agricole, dans une petite ville commerçante, dans un grand centre industriel ; ni les heures, ni les objets, ni les conditions de l'enseignement ne sauraient se ressembler.

Ce qui importe, c'est que, partout où il y a une école, on sache que cette école n'est pas seulement faite pour les petits écoliers, qu'elle reste ouverte à leurs frères aînés. On peut espérer que, d'ici à quelques années, à mesure que les mœurs républicaines auront pénétré plus avant dans les populations, l'école dans chaque village sera connue de tous comme la maison de la jeunesse, toujours hospitalière à ses anciens élèves, comme le foyer intellectuel du pays, le rendez-vous où l'on se retrouve à tout âge pour étudier, pour lire, pour s'instruire, pour échanger des idées, élèves et maîtres, apprentis et écoliers, instituteurs et pères de famille.

En attendant que cet idéal soit réalisé et pour qu'il puisse l'être bientôt, je vous demande à tous et je demande à tous et je demande à chacun de vous, Messieurs, d'unir vos efforts à ceux du Gouvernement, de l'Administration et de l'Université.

Je vous convie à prendre votre part d'une pensée qui est celle du Parlement tout entier. Il s'agit d'ouvrir, en quelque sorte, une seconde phase du développement de notre enseignement populaire.

La première a été surtout législative et administrative, elle a constitué des cadres, édicté des règles, fondé un régime légal nouveau. La seconde devra être marquée surtout par une extension de l'école, que le législateur ne peut imposer impérativement, par son rayonnement naturel sur le pays, par une foule d'œuvres volontaires dues à l'initiative des bons citoyens et propres à décupler les effets utiles de l'instruction populaire.

J'ai la ferme confiance que cet appel ne vous surprendra pas, et que vous serez heureux d'y répondre, ne fût-ce que pour montrer une fois de plus la vitalité de ce pays et la force nouvelle d'impulsion que donne à toutes les idées généreuses l'esprit républicain.

Recevez, Messieurs, l'assurance de ma considération très distinguée.

Le Ministre de l'Instruction publique, des Beaux-Arts et des Cultes,

R. POINCARÉ

NIMES, — IMP. BOYER-RAMUS FILS, RUE NATIONALE, 39

BIBLIOTHÈQUE NATIONALE
R.F.
IMPRIMÉS

www.ingramcontent.com/pod-product-compliance
Lightning Source LLC
Chambersburg PA
CBHW071006280326
41934CB00009B/2202

* 9 7 8 2 0 1 4 4 9 5 0 6 5 *